Frédéric Bastiat

Capital
et rente

Essai

 Le code de la propriété intellectuelle du 1er juillet 1992 interdit en effet expressément la photocopie à usage collectif sans autorisation des ayants droit. Or, cette pratique s'est généralisée dans les établissements d'enseignement supérieur, provoquant une baisse brutale des achats de livres et de revues, au point que la possibilité même pour les auteurs de créer des œuvres nouvelles et de les faire éditer correctement est aujourd'hui menacée. En application de la loi du 11 mars 1957, il est interdit de reproduire intégralement ou partiellement le présent ouvrage, sur quelque support que ce soir, sans autorisation de l'Éditeur ou du Centre Français d'Exploitation du Droit de Copie , 20, rue Grands Augustins, 75006 Paris.

ISBN : 978-1544882444

10 9 8 7 6 5 4 3 2 1

Frédéric Bastiat

Capital et rente

Essai

Table de Matières

INTRODUCTION.	**6**
CAPITAL ET RENTE.	**8**
Le sac de blé.	*17*
La maison.	*19*
Le rabot.	*20*
NOTES	**36**

CAPITAL ET RENTE[1].

INTRODUCTION.

Dans cet écrit, j'essaie de pénétrer la nature intime de ce qu'on nomme l'*Intérêt des capitaux*, afin d'en prouver la légitimité et d'en expliquer la perpétuité.

Ceci paraîtra bizarre ; mais il est certain que ce que je redoute, ce n'est pas d'être obscur, mais d'être trop clair. Je crains que le lecteur ne se laisse rebuter par une série de véritables *Truismes*. Comment éviter un tel écueil quand on n'a à s'occuper que de faits connus de chacun par une expérience personnelle, familière, quotidienne ?

Alors, me dira-t-on, à quoi bon cet écrit ? Que sert d'expliquer ce que tout le monde sait ?

Distinguons, s'il vous plaît. Une fois l'explication donnée, plus elle est claire et simple, plus elle semble superflue. Chacun est porté à s'écrier : « Je n'avais pas besoin qu'on résolût pour moi le problème. » C'est l'œuf de Colomb.

Mais ce problème si simple le paraîtrait peut-être beaucoup moins, si on se bornait à le poser.

Je l'établis en ces termes : « Mondor prête aujourd'hui un instrument de travail qui sera anéanti dans quelques jours. Le capital n'en produira pas moins intérêt à Mondor ou à ses héritiers pendant l'éternité tout entière. » Lecteur, la main sur la conscience, sentez-vous la solution au bord de vos lèvres ?

Je n'ai pas le temps de recourir aux économistes. Autant que je puis le savoir, ils ne se sont guère occupés de scruter l'*Intérêt* jusque dans sa raison d'être. On ne peut les en blâmer. À l'époque où ils écrivaient, l'Intérêt n'était pas mis en question.

Il n'en est plus ainsi. Les hommes qui se disent et se croient beaucoup plus *avancés* que leur siècle, ont organisé une propagande active contre le Capital et la Rente. Ils attaquent, non pas dans quelques applications abusives, mais *en principe*, la Productivité des capitaux.

Un journal a été fondé pour servir de véhicule à cette propagande. Il est dirigé par M. Proudhon et a, dit-on, une immense publicité. Le premier numéro de cette feuille contenait le Manifeste électoral du *Peuple*. On y lit : « La Productivité du capital, ce que le Christianisme a condamné sous le nom d'usure, telle est la vraie cause de la misère, le vrai principe du prolétariat, l'éternel obstacle à l'établissement de la République. »

Un autre journal, *la Ruche populaire,* après avoir dit d'excellentes choses sur le travail, ajoute : « Mais avant tout, il faut que l'exercice du travail soit libre, c'est-à-dire que le travail soit organisé de telle sorte, qu'*il ne faille pas payer aux argentiers* et aux patrons ou maîtres cette liberté du travail, ce droit du travail que mettent à si haut prix les exploiteurs d'hommes. »

La seule pensée que je relève ici, c'est celle exprimée dans les mots soulignés comme impliquant la négation de l'Intérêt. Elle est, du reste, commentée par la suite de l'article.

Voici comment s'exprime le célèbre démocrate socialiste Thoré :

« La Révolution sera toujours à recommencer tant qu'on s'attaquera seulement aux conséquences, sans avoir la logique et le courage d'abolir le principe lui-même. »

Ce principe c'est le capital, la fausse propriété, le revenu, la rente, l'usure que l'ancien régime fait peser sur le travail.

Le jour, — il y a bien longtemps, — où les aristocrates ont inventé cette incroyable fiction : *Que le capital avait la vertu de se reproduire tout seul,* — les travailleurs ont été à la merci des oisifs.

Est-ce qu'au bout d'un an vous trouverez un écu de cent sous de plus dans un sac de cent francs ?

Est-ce qu'au bout de quatorze ans vos écus ont doublé dans le sac ?

Est-ce qu'une œuvre d'art ou d'industrie en produit une autre au bout de quatorze ans ?

Commençons donc par l'anéantissement de cette fiction funeste. »

Ici je ne discute ni ne réfute ; je cite, pour établir que la *productivité du capital* est considérée, par un grand nombre de personnes, comme un principe faux, funeste et inique. Mais qu'ai-je besoin de citations ? N'est-ce pas un fait bien connu que le peuple attribue ses souffrances à ce qu'il appelle l'*exploitation de l'homme par l'homme ?* et cette locution : — *Tyrannie du capital,* — n'est-elle pas devenue proverbiale ?

Il ne peut pas exister un homme au monde, ce me semble, qui ne comprenne toute la gravité de cette question :

« L'intérêt du capital est-il naturel, juste, légitime et aussi utile à celui qui le paye, qu'à celui qui le perçoit ? »

On répond : *non,* moi je dis : *oui.* Nous différons du tout au tout sur la solution, mais il est une chose sur laquelle nous ne pouvons différer, c'est le danger de faire accepter par l'opinion la fausse solution quelle qu'elle soit.

Encore, si l'erreur est de mon côté, le mal n'est pas très-grand. Il en faudra conclure que je ne comprends rien aux vrais intérêts des masses, à la marche du progrès humain, et que tous mes raisonnements sont autant de grains de sable, qui n'arrêteront certes pas le char de la Révolution.

Mais si MM. Proudhon et Thoré se trompent, il s'ensuit qu'ils égarent le peuple, qu'ils lui montrent le mal là où il n'est pas, qu'ils donnent une fausse direction à ses idées, à ses antipathies, à ses haines et à ses coups ; il s'ensuit que le peuple égaré se précipite dans une lutte horrible et absurde, où la victoire lui serait plus funeste que la défaite, puisque, dans cette hypothèse, ce qu'il poursuit, c'est la réalisation du mal universel, la destruction de tous ses moyens d'affranchissement, la consommation de sa propre misère.

C'est ce que reconnaissait M. Proudhon avec une entière bonne foi. « La pierre fondamentale de mon système, me disait-il, c'est la *gratuité du crédit.* Si je me trompe là-dessus, le socialisme est un vrai rêve. » J'ajoute : c'est un rêve pendant lequel le peuple se déchire lui-même ; faudra-t-il s'étonner s'il se trouve tout meurtri et tout sanglant au réveil ?

En voilà assez pour ma justification, si dans le cours du débat, je me suis laissé entraîner à quelques trivialités et à quelques longueurs[2].

CAPITAL ET RENTE.

J'adresse cet écrit aux ouvriers de Paris, particulièrement à ceux qui se sont rangés sous la bannière de la *démocratie socialiste.*

J'y traite ces deux questions :

1° Est-il conforme à la nature des choses et à la justice que le capital produise une Rente ?

2° Est-il conforme à la nature des choses et à la justice que la Rente du capital soit perpétuelle ?

Les ouvriers de Paris voudront bien reconnaître qu'on ne saurait agiter un sujet plus important.

Depuis le commencement du monde, il avait été reconnu, du moins en fait, que le capital devait produire un Intérêt.

Dans ces derniers temps, on affirme que c'est précisément là l'erreur sociale qui est la cause du paupérisme et de l'inégalité.

Il est donc bien essentiel de savoir à quoi s'en tenir.

Car si le prélèvement d'un Intérêt au profit du Capital est une iniquité, c'est à bon droit que les travailleurs se soulèvent contre l'ordre social actuel ; et on a beau leur dire qu'ils ne doivent avoir recours qu'aux moyens légaux et pacifiques, c'est là une recommandation hypocrite. Quand il y a d'un côté un homme fort pauvre et volé, et de l'autre un homme faible, riche et voleur, il est assez singulier qu'on dise au premier, avec l'espoir de le persuader : « Attends que ton oppresseur renonce volontairement à l'oppression ou qu'elle cesse d'elle-même. » Cela ne peut pas être, et ceux qui enseignent que le Capital est stérile par nature doivent savoir qu'ils provoquent une lutte terrible et immédiate.

Si, au contraire, l'Intérêt du Capital est naturel, légitime, conforme au bien général, aussi favorable à l'emprunteur qu'au prêteur, les publicistes qui le nient, les tribuns qui exploitent cette prétendue plaie sociale, conduisent les ouvriers à une lutte insensée, injuste, qui ne peut avoir d'autre issue que le malheur de tous.

En définitive, on arme le Travail contre le Capital. Tant mieux si ces deux puissances sont antagoniques ! et que la lutte soit bientôt finie ! Mais si elles sont harmoniques, la lutte est le plus grand des maux qu'on puisse infliger à la société.

Vous voyez donc bien, ouvriers, qu'il n'y a pas de question plus importante que celle-ci : la rente du capital est-elle ou non légitime ? Dans le premier cas, vous devez renoncer immédiatement à la lutte vers laquelle on vous pousse ; dans le second, vous devez la mener vivement et jusqu'au bout.

Productivité du capital ; Perpétuité de la rente. Ces questions sont difficiles à traiter. Je m'efforcerai d'être clair. Pour cela, j'aurai recours à l'exemple plus qu'à la démonstration, ou plutôt je mettrai la démonstration dans l'exemple.

Je commence par convenir qu'à la première vue, il doit vous paraître singulier que le capital prétende à une rémunération, et surtout à une rémunération perpétuelle.

Vous devez vous dire : Voilà deux hommes. L'un travaille soir et matin, d'un bout d'année à l'autre et, s'il a consommé tout ce qu'il a gagné, fût-ce par force majeure, il reste pauvre. Quand vient la Saint-Sylvestre, il ne se trouve pas plus avancé qu'au Premier de l'an et sa seule perspective est de recommencer. L'autre ne fait rien de ses bras ni de son intelligence, du moins, s'il s'en sert, c'est pour son plaisir ; il lui est loisible de n'en rien faire, car il a une *rente*. Il ne travaille pas ; et cependant il vit bien, tout lui arrive en abondance, mets délicats, meubles somptueux, élégants équipages ; c'est-à-dire qu'il détruit chaque jour des choses que les travailleurs ont dû produire à la sueur de leur front, car ces choses ne se sont pas faites d'elles-mêmes, et, quant à lui, il n'y a pas mis les mains. C'est nous, travailleurs, qui avons fait germer ce blé, verni ces meubles, tissé ces tapis ; ce sont nos femmes et nos filles qui ont filé, découpé, cousu, brodé ces étoffes. Nous travaillons donc pour lui et pour nous ; pour lui d'abord, et pour nous s'il en reste. Mais voici quelque chose de plus fort : si le premier de ces deux hommes, le travailleur, consomme dans l'année ce qu'on lui a laissé de profit dans l'année, il en est toujours au point de départ, et sa destinée le condamne à tourner sans cesse dans un cercle éternel et monotone de fatigues. Le travail n'est donc rémunéré qu'une fois. Mais si le second, le rentier, consomme dans l'année sa rente de l'année, il a, l'année d'après, et les années suivantes, et pendant l'éternité entière, une rente toujours égale, intarissable, *perpétuelle*. Le capital est donc rémunéré non pas une fois ou deux fois, mais un nombre indéfini de fois ! En sorte qu'au bout de cent ans, la famille qui a placé vingt mille francs à 5 pour 100 aura touché cent mille francs, ce qui ne l'empêchera pas d'en toucher encore cent mille dans le siècle suivant. En d'autres termes, pour vingt mille francs qui représentent son travail, elle aura prélevé, en deux siècles, une valeur décuple sur le travail d'autrui. N'y a-t-il pas dans cet ordre social un vice monstrueux à réformer ? Ce n'est pas tout encore. S'il plaît à cette famille de restreindre quelque peu ses jouissances, de ne dépenser, par exemple, que neuf cents francs au lieu de mille, — sans aucun travail, sans autre peine que celle de placer cent francs par an, elle peut accroître son Capital et sa Rente dans une progression si rapide qu'elle sera bientôt en mesure de consommer autant que cent familles d'ouvriers laborieux. Tout cela ne dénote-t-il pas que la société actuelle porte dans son sein un cancer hideux, qu'il faut extirper, au risque de quelques souffrances passagères ?

Voilà, ce me semble, les tristes et irritantes réflexions que doit susciter dans votre esprit l'active et trop facile propagande qui se fait contre le capital et la rente.

D'un autre côté, j'en suis bien convaincu, il y a des moments où votre intelligence conçoit des doutes et votre conscience des scrupules. Vous devez vous dire quelquefois : Mais proclamer que le capital ne doit pas produire d'intérêts, c'est proclamer que le prêt doit être gratuit, c'est dire que celui qui a créé des Instruments de travail, ou des Matériaux, ou des Provisions de toute espèce, doit les céder sans compensation. Cela est-il juste ? et puis, s'il en est ainsi, qui voudra prêter ces instruments, ces matériaux, ces provisions ? qui voudra les mettre en réserve ? qui voudra même les créer ? chacun les consommera à mesure, et l'humanité ne fera jamais un pas en avant. Le capital ne se formera plus, puisqu'il n'y aura plus *intérêt* à le former. Il sera d'une rareté excessive. Singulier acheminement vers le prêt gratuit ! singulier moyen d'améliorer le sort des emprunteurs que de les mettre dans l'impossibilité d'emprunter à aucun prix ! Que deviendra le travail lui-même ? car il n'y aura plus d'*avances* dans la société, et l'on ne saurait citer un seul genre de travail, pas même la chasse, qui se puisse exécuter sans avances. Et nous-mêmes, que deviendrons-nous ? Quoi ! il ne nous sera plus permis d'*emprunter*, pour travailler, dans l'âge de la force, et de *prêter*, pour nous reposer, dans nos vieux jours ? La loi nous ravira la perspective d'amasser un peu de bien, puisqu'elle nous interdira d'en tirer aucun parti ? Elle détruira en nous et le stimulant de l'épargne dans le présent, et l'espérance du repos dans l'avenir ? Nous aurons beau nous exténuer de fatigue, il faut renoncer à transmettre à nos fils et à nos filles un petit pécule, puisque la science moderne le frappe de stérilité, puisque nous deviendrions des *exploiteurs d'hommes* si nous le prêtions à intérêt ! Ah ! ce monde, qu'on ouvre devant nous comme un idéal, est encore plus triste et plus aride que celui que l'on condamne, car de celui-ci, au moins, l'espérance n'est pas bannie !

Ainsi, sous tous les rapports, à tous les points de vue, la question est grave. Hâtons-nous d'en chercher la solution.

Le Code civil a un chapitre intitulé : de la manière dont se transmet la propriété. Je ne crois pas qu'il donne à cet égard une nomenclature bien complète. Quand un homme a fait par son travail, une chose utile, en d'autres termes, quand il a créé une *valeur*, elle ne peut passer entre les mains d'un autre homme que par un de ces cinq modes : le *don,* l'*hérédité,* l'*échange,* le *prêt* ou le *vol*. Un mot sur chacun d'eux, excepté sur le dernier, quoiqu'il joue dans le monde un plus grand rôle qu'on ne croit[3].

Le *don* n'a pas besoin d'être défini. Il est essentiellement volontaire et spontané. Il dépend exclusivement du donateur et l'on ne peut pas dire que le donataire y a droit. Sans doute la morale et la religion font souvent un devoir aux hommes, surtout aux riches, de se défaire gratuitement de ce qui est leur propriété, en faveur de leurs frères malheureux. Mais c'est là une obligation toute morale. S'il était proclamé en principe, s'il était admis en pratique, s'il était consacré par la loi que chacun a droit à la propriété d'autrui, le don n'aurait plus de mérite, la charité et la reconnaissance ne seraient plus des vertus. En outre, une telle doctrine arrêterait tout à coup et universellement le travail et la production, comme un froid rigoureux pétrifie l'eau et suspend la vie ; car qui travaillerait quand il n'y aurait plus aucune connexité entre notre travail et la satisfaction de nos besoins ? L'économie politique ne s'est pas occupée du *don*. On en a conclu qu'elle le repoussait, que c'était une science sans entrailles. C'est là une accusation ridicule. Cette science, étudiant les lois qui résultent de la *mutualité des services,* n'avait pas à rechercher les conséquences de la générosité à l'égard de celui qui reçoit, ni ses effets, peut-être plus précieux encore, à l'égard de celui qui donne ; de telles considérations appartiennent évidemment à la morale. Il faut bien permettre aux sciences de se restreindre ; il ne faut pas surtout les accuser de nier ou de flétrir ce qu'elles se bornent à juger étranger à leur domaine.

L'*Hérédité,* contre laquelle, dans ces derniers temps, on s'est beaucoup élevé, est une des formes du Don et assurément la plus naturelle. Ce que l'homme a produit il le peut consommer, échanger, donner ; quoi de plus naturel qu'il le donne à ses enfants ? C'est cette faculté, plus que toute autre, qui lui inspire le courage de travailler et d'épargner. Savez-vous pourquoi on conteste le principe de l'Hérédité ? parce qu'on s'imagine que les biens ainsi transmis sont dérobés à la masse. C'est là une erreur funeste ; l'économie politique démontre de la manière la plus péremptoire que toute valeur produite est une création qui ne fait tort à qui que ce soit[4]. Voilà pourquoi on peut la consommer et, à plus forte raison, la transmettre, sans nuire à personne ; mais je n'insisterai pas sur ces réflexions qui ne sont pas de mon sujet.

L'*Échange,* c'est le domaine principal de l'économie politique, parce que c'est, de beaucoup, le mode le plus fréquent de la transmission des propriétés, selon des conventions libres et volontaires, dont cette science étudie les lois et les effets.

À proprement parler, l'Échange c'est la *mutualité des services.* Les parties se disent entre elles : « Donne-moi ceci, et je te donnerai cela ; » ou bien : « Fais ceci pour moi, et je ferai cela pour toi. » Il est bon de remarquer (car cela jettera un jour nouveau sur la notion de *valeur*) que la seconde formule est toujours impliquée dans la première. Quand on dit : « Fais ceci pour moi, et je ferai cela pour toi, » on propose d'échanger service contre service. De même quand on dit : « Donne-moi ceci, et je te donnerai cela, » c'est comme si l'on disait : « Je te cède ceci que j'ai fait, cède-moi cela que tu as fait. » Le travail est passé au lieu d'être actuel ; mais l'Échange n'en est pas moins gouverné par l'appréciation comparée des deux services, en sorte qu'il est très-vrai de dire que le principe de la *valeur* est dans les services rendus et reçus à l'occasion des produits échangés, plutôt que dans les produits eux-mêmes.

En réalité, les services ne s'échangent presque jamais directement. Il y a un intermédiaire qu'on appelle *monnaie.* Paul a confectionné un habit, contre lequel il veut recevoir un peu de pain, un peu de vin, un peu d'huile, une visite du médecin, une place au parterre, etc. L'Échange ne se peut accomplir en nature ; que fait

Paul ? Il échange d'abord son habit contre de l'argent, ce qui s'appelle *vente* ; puis il échange encore cet argent contre les objets qu'il désire, ce qui se nomme *achat* ; ce n'est qu'alors que la *mutualité des services* a fini son évolution ; ce n'est qu'alors que le travail et la satisfaction se balancent dans le même individu ; ce n'est qu'alors qu'il peut dire : « J'ai fait ceci pour la société, elle a fait cela pour moi. » En un mot, ce n'est qu'alors que l'Échange est réellement accompli. Rien n'est donc plus exact que cette observation de J. B. Say : « Depuis l'introduction de la monnaie, chaque échange se décompose en deux facteurs, la *vente* et *l'achat*. » C'est la réunion de ces deux facteurs qui constitue l'échange complet.

Il faut dire aussi que la constante apparition de l'argent dans chaque échange a bouleversé et égaré toutes les idées ; les hommes ont fini par croire que l'argent était la vraie richesse, et que le multiplier c'était multiplier les services et les produits. De là le régime prohibitif, de là le papier-monnaie, de là le célèbre aphorisme : « Ce que l'un gagne, l'autre le perd, » et autres erreurs qui ont ruiné et ensanglanté la terre[5].

Après avoir beaucoup cherché, on a trouvé que pour que deux services échangés eussent une valeur équivalente, pour que l'échange fût *équitable,* le meilleur moyen c'était qu'il fût libre, Quelque séduisante que soit au premier coup d'œil l'intervention de l'État, on s'aperçoit bientôt qu'elle est toujours oppressive pour l'une ou l'autre des parties contractantes. Quand on scrute ces matières, on est forcé de raisonner toujours sur cette donnée que l'*équivalence* résulte de la liberté. Nous n'avons en effet aucun autre moyen de savoir si, dans un moment déterminé, deux services *se valent,* que d'examiner s'ils s'échangent couramment et librement entre eux. Faites intervenir l'État, qui est la force, d'un côté ou de l'autre, à l'instant tout moyen d'appréciation se complique et s'embrouille, au lieu de s'éclaircir. Le rôle de l'État semble être de prévenir et surtout de réprimer le dol et la fraude, c'est-à-dire de garantir la liberté et non de la violer.

Je me suis un peu étendu sur l'*Échange*, quoique j'aie à m'occuper principalement du *Prêt*. Mon excuse est que, selon moi, il y a dans le prêt un véritable échange, un véritable service rendu par le prêteur et qui met un service équivalent à la charge de l'emprunteur, — deux services dont la valeur comparée ne peut être appréciée, comme celle de tous les services possibles, que par la liberté.

Or, s'il en est ainsi, la parfaite légitimité de ce qu'on nomme loyer, fermage, intérêt, sera expliquée et justifiée.

Considérons donc le *Prêt*.

Supposons que deux hommes échangent deux services ou deux choses dont l'équivalence soit à l'abri de toute contestation. Supposons par exemple que Pierre disse à Paul : « Donne-moi dix pièces de dix sous contre une pièce de cinq francs. » Il n'est pas possible d'imaginer une équivalence plus incontestable. Quand ce troc est fait, aucune des parties n'a rien à réclamer à l'autre. Les *services* échangés *se valent*. Il résulte de là que si l'une des parties veut introduire dans le marché une clause additionnelle, qui lui soit avantageuse et qui soit défavorable à l'autre partie, il faudra qu'elle consente à une seconde clause qui rétablisse l'équilibre et la loi de justice. Voir l'injustice dans cette seconde clause de compensation, voilà certainement qui serait absurde. Cela posé, supposons que Pierre, après avoir dit à Paul : « Donne-moi dix pièces de dix sous, je te donnerai une pièce de cent sous, » ajoute : « Tu me donneras les dix pièces de dix sous *actuellement,* et moi je ne te donnerai la pièce de cent sous que *dans un an ;* » il est bien évident que cette nouvelle proposition change les charges et les avantages du marché, qu'elle altère la proportion des deux services. Ne saute-t-il pas aux yeux, en effet, que Pierre demande à Paul un *service nouveau,* supplémentaire et d'une autre espèce ? N'est-ce pas comme s'il disait : « Rends-moi le *service* de me laisser utiliser à mon profit pendant un an cinq francs qui t'appartiennent et que tu pourrais utiliser pour toi-même. » Et quelle bonne raison peut-on avoir de soutenir que Paul est tenu de rendre gratuitement ce service spécial ; qu'il ne doit rien demander de plus en vue de cette exigence ; que l'État doit intervenir pour le forcer de la subir ? Comment comprendre que le publiciste qui prêche au peuple une telle doctrine la concilie avec son principe : *la mutualité des services ?*

J'ai introduit ici le numéraire. J'y ai été conduit par le désir de mettre en présence deux objets d'échange d'une égalité de valeur parfaite et incontestable. Je voulais prévenir des objections ; mais, à un autre point de vue, ma démonstration eût été plus frappante encore, si j'avais fait porter la convention sur les services ou les produits eux-mêmes.

Supposez, par exemple, une Maison et un Navire de valeurs si parfaitement égales que leurs propriétaires soient disposés à les échanger *troc pour troc*, sans soulte ni remise. En effet, le marché se conclut par-devant notaire. Au moment de se mettre réciproquement en possession, l'armateur dit au citadin : « Fort bien, la transaction est faite, et rien ne prouve mieux sa parfaite équité que notre libre et volontaire consentement. Nos conditions ainsi fixées, je viens vous proposer une petite modification pratique. C'est que vous me livrerez bien votre Maison aujourd'hui, mais moi, je ne vous mettrai en possession de mon Navire que dans un an, et la raison qui me détermine à vous faire cette demande c'est que, pendant cette année de *terme*, je puis utiliser le navire. » Pour ne pas nous embarrasser dans les considérations relatives à la détérioration de l'objet prêté je supposerai que l'armateur ajoute : « Je m'obligerai à vous remettre au bout de l'an le navire dans l'état où il est aujourd'hui. » Je le demande à tout homme de bonne foi, je le demande à M. Proudhon lui-même, le citadin ne sera-t-il pas en droit de répondre : « La nouvelle clause que vous me proposez change entièrement la proportion ou l'équivalence des services échangés. Par elle, je serai privé, pendant un an, tout à la fois de ma maison et de votre navire. Par elle, vous utiliserez l'une et l'autre. Si, en l'absence de cette clause, le *troc pour troc* était juste, par cette raison même, la clause m'est onéreuse. Elle stipule un désavantage pour moi et un avantage pour vous. C'est un service nouveau que vous me demandez ; j'ai donc le droit de vous le refuser, ou de vous demander, en compensation, un service équivalent. »

Si les parties tombent d'accord sur cette compensation, dont le principe est incontestable, on pourra distinguer aisément deux transactions dans une, deux échanges de services dans un. Il y a d'abord le troc de la maison contre le navire ; il y a ensuite le délai accordé par l'une des parties, et la compensation corrélative à ce délai concédée par l'autre. Ces deux nouveaux *services* prennent les noms génériques et abstraits de CRÉDIT et INTÉRÊT ; mais les noms ne changent pas la nature des choses, et je défie qu'on ose soutenir qu'il n'y a pas là, au fond, *service contre service* ou *mutualité de services*. Dire que l'un de ces services ne provoque pas l'autre, dire que le premier doit être rendu gratuitement, à moins d'injustice, c'est dire que l'injustice consiste dans la réciprocité des services, que la justice consiste à ce que l'une des partie donne et ne reçoive pas, ce qui est contradictoire dans les termes.

Pour donner une idée de l'intérêt de son mécanisme, qu'il me soit permis de recourir à deux ou trois anecdotes. Mais, avant, je dois dire quelques mots du capital.

Il y a des personnes qui se figurent que le capital c'est de l'argent, et c'est précisément pourquoi on nie sa productivité ; car, comme dit M. Thoré, les écus ne sont pas doués de la faculté de se reproduire. Mais il n'est pas vrai que Capital soit synonyme d'argent. Avant la découverte des métaux précieux, il y avait des capitalistes dans le monde, et j'ose même dire qu'alors, comme aujourd'hui, chacun l'était à quelque degré.

Qu'est-ce donc que le capital ? Il se compose de trois choses :

1° Des *Matériaux* sur lesquels les hommes travaillent, quand ces matériaux ont déjà une *valeur* communiquée par un effort humain quelconque, qui ait mis en eux le principe de la rémunération ; laine, lin, cuir, soie, bois, etc.

2° Des *Instruments* dont ils se servent pour travailler ; outils, machines, navires, voitures, etc., etc.

3° Des *Provisions* qu'ils consomment pendant la durée du travail ; vivres, étoffes, maisons, etc.

Sans ces choses, le travail de l'homme serait ingrat et à peu près nul, et cependant ces choses ont elles-mêmes exigé un long travail, surtout à l'origine. Voilà pourquoi on attache un grand prix à les posséder, et c'est aussi la raison pour laquelle il est parfaitement légitime de les échanger et vendre, d'en tirer avantage si on les met en œuvre, d'en tirer une rémunération si on les prête[6].

J'arrive à mes anecdotes.

Le sac de blé.

Mathurin, d'ailleurs pauvre comme Job, et réduit à gagner sa vie au jour le jour, était cependant propriétaire, par je ne sais quel héritage, d'un beau lopin de terre inculte. Il souhaitait ardemment le défricher. Hélas ! se disait-il, creuser des fossés, élever des clôtures, défoncer le sol, le débarrasser de ronces et de pierres, l'ameublir, l'ensemencer, tout cela pourrait bien me donner à manger dans un an ou deux, mais non certes aujourd'hui et demain. Il m'est impossible de me livrer à la culture avant d'avoir préalablement accumulé quelques *Provisions* qui me fassent subsister jusqu'à la récolte, et j'apprends par expérience que le *travail antérieur* est indispensable pour rendre vraiment productif le *travail actuel*. Le bon Mathurin ne se borna pas à faire ces réflexions. Il prit aussi la résolution de travailler à la journée et de faire des épargnes sur son salaire, pour acheter une bêche et un sac de blé, choses sans lesquelles il faut renoncer aux plus beaux projets agricoles. Il fit si bien, il fut si actif et si sobre, qu'enfin il se vit en possession du bienheureux *sac de blé*. « Je le porterai au moulin, dit-il, et j'aurai là de quoi vivre jusqu'à ce que mon champ se couvre d'une riche moisson. » Comme il allait partir, Jérôme vint lui emprunter son trésor. « Si tu veux me prêter ce sac de blé, disait Jérôme, tu me rendras un grand *service*, car j'ai en vue un travail très-lucratif, qu'il m'est impossible d'entreprendre faute de Provisions pour vivre jusqu'à ce qu'il soit terminé. — J'étais dans le même cas, répondit Mathurin, et si maintenant j'ai du pain assuré pour quelques mois, je l'ai gagné aux dépens de mes bras et de mon estomac. Sur quel principe de justice serait-il maintenant consacré à la réalisation de ton entreprise et non de la mienne ? »

On peut penser que le marché fut long. Il se termina cependant, et voici sur quelles bases :

Premièrement, Jérôme promit de rendre au bout de l'an un *sac de blé* de même qualité, de même poids, sans qu'il y manquât un seul grain. Cette première clause est de toute justice, disait-il, sans elle Mathurin ne *prêterait* pas, il *donnerait*.

Secondement, il s'obligea à livrer *cinq litres de blé en sus de l'hectolitre*. Cette clause n'est pas moins juste que l'autre, pensait-il ; sans elle, Mathurin me rendrait un service sans compensation, il s'infligerait une privation, il renoncerait à sa chère entreprise, il me mettrait à même d'accomplir la mienne, il me ferait jouir, pendant un an, du fruit de ses épargnes et tout cela gratuitement. Puisqu'il ajourne son défrichement, puisqu'il me met à même de réaliser un travail lucratif, il est bien naturel que je le fasse participer, dans une mesure quelconque, à des profits que je ne devrai qu'à son sacrifice.

Frédéric Bastiat

De son côté, Mathurin, qui était quelque peu clerc, faisait ce raisonnement. Puisqu'en vertu de la première clause, le *sac de blé* me rentrera au bout de l'an, se disait-il, je pourrai lui prêter de nouveau ; il me reviendra, à la seconde année ; je le prêterai encore et ainsi de suite pendant l'éternité. Cependant, je ne puis nier qu'il aura été mangé depuis longtemps. Voilà qui est bizarre que je sois éternellement propriétaire d'un *sac de blé,* bien que celui que j'ai prêté ait été détruit à jamais. Mais ceci s'explique : il sera détruit au service de Jérôme. Il mettra Jérôme en mesure de produire une *valeur* supérieure, et par conséquent Jérôme pourra me rendre un *sac de blé* ou la *valeur,* sans éprouver aucun dommage ; au contraire. Et quant à moi, cette *valeur* doit être ma propriété tant que je ne la détruirai pas à mon usage ; si je m'en étais servi pour défricher ma terre, je l'aurais bien retrouvée sous forme de belle moisson. Au lieu de cela, je la prête, je dois la retrouver sous forme de restitution.

Je tire de la seconde clause un autre enseignement. Au bout de l'an, il me rentrera cinq litres de blé en sus des cent litres que je viens de prêter. Si donc je continuais à travailler à la journée, et à épargner sur mon salaire, comme j'ai fait, dans quelque temps, je pourrais prêter deux sacs de blé, puis trois, puis quatre, et lorsque j'en aurais placé un assez grand nombre pour pouvoir vivre sur la somme de ces rétributions de cinq litres, afférentes à chacun d'eux, il me serait permis de prendre, sur mes vieux jours, un peu de repos. Mais quoi ! en ce cas, ne vivrais-je pas aux dépens d'autrui ? Non certes, puisqu'il vient d'être reconnu qu'en prêtant je rends *service,* je perfectionne le travail de mes emprunteurs, et ne prélève qu'une faible partie de cet *excédant* de production dû à mon prêt et à mes épargnes. C'est une chose merveilleuse que l'homme puisse ainsi réaliser un *loisir* qui ne nuit à personne et ne saurait être jalousé sans injustice.

La maison.

Mondor avait une maison. Pour la construire, il n'avait rien extorqué à qui que ce soit. Il la devait à son travail personnel. ou, ce qui est identique, à du travail équitablement rétribué. Son premier soin fut de passer un marché avec un architecte, en vertu duquel, moyennant cent écus par an, celui-ci s'obligea à entretenir la maison toujours en bon état. Mondor se félicitait déjà des jours heureux qu'il allait couler dans cet asile, déclaré sacré par notre Constitution. Mais Valère prétendit en faire sa demeure. Y pensez-vous ? dit Mondor, c'est moi qui l'ai construite, elle m'a coûté dix ans de pénibles travaux, et c'est vous qui en jouiriez ! On convint de s'en rapporter à des juges. On ne fut pas chercher de profonds économistes, il n'y en avait pas dans le pays. Mais on choisit des hommes justes et de bon sens ; cela revient au même : économie politique, justice, bon sens, c'est tout un. Or voici ce que les juges décidèrent. Si Valère veut occuper pendant un an la maison de Mondor, il sera tenu de se soumettre à trois conditions. La première, de déguerpir au bout de l'an et de rendre la maison en bon état sauf les dégradations inévitables qui résultent de la seule durée. La seconde, de rembourser à Mondor les 300 francs que celui-ci paie annuellement à l'architecte pour réparer les outrages du temps ; car ces outrages survenant pendant que la maison est au service de Valère, il est de toute justice qu'il en supporte les conséquences. La troisième, c'est de rendre à Mondor un service équivalent à celui qu'il en reçoit. Quant à cette équivalence de services, elle devra être librement débattue entre Mondor et Valère.

Le rabot.

Il y a bien longtemps, bien longtemps vivait, dans un pauvre village, un menuisier philosophe, car mes personnages le sont tous quelque peu. Jacques travaillait matin et soir de ses deux bras robustes, mais son intelligence n'était pas pour cela oisive. Il aimait à se rendre compte de ses actions, de leurs causes et de leurs suites. Il se disait quelquefois : Avec ma hache, ma scie et mon marteau, je ne puis faire que des meubles grossiers, et on me les paie comme tels. Si j'avais un *rabot*, je contenterais mieux ma clientèle, et elle me contenterait mieux aussi. C'est trop juste ; je n'en puis attendre que des services proportionnés à ceux que je lui rends moi-même. Oui, ma résolution est prise, et je me fabriquerai un *Rabot*.

Cependant au moment de mettre la main à l'œuvre, Jacques fit encore cette réflexion : Je travaille pour ma clientèle trois cent jours dans l'année. Si j'en mets dix à faire mon rabot, à supposer qu'il me dure un an, il ne me restera plus que 290 jours, pour confectionner des meubles. Il faut donc, pour que je ne sois pas dupe en tout ceci, qu'aidé du rabot, je gagne désormais autant en 290 jours que je fais maintenant en 300 jours. Il faut même que je gagne davantage, car sans cela il ne vaudrait pas la peine que je me lançasse dans les innovations. Jacques se mit donc à calculer. Il s'assura qu'il vendrait ses meubles perfectionnés à un prix qui le récompenserait amplement des dix jours consacrés à faire le Rabot. Et quand il eut toute certitude à cet égard, il se mit à l'ouvrage.

Je prie le lecteur de remarquer que cette puissance, qui est dans l'outil, d'augmenter la productivité du travail, est la base de la solution qui va suivre.

Au bout de dix jours, Jacques eut en sa possession un admirable Rabot, d'autant plus précieux qu'il l'avait fait lui-même. Il en sauta de joie, car, comme la bonne Perrette, il supputait tout le profit qu'il allait tirer de l'ingénieux instrument ; mais plus heureux qu'elle, il ne se vit pas réduit à dire : « Adieu veau, vache, cochon, couvée ! »

Il en était à édifier ses beaux châteaux en Espagne, quand il fut interrompu par son confrère Guillaume, menuisier au village voisin. Guillaume, ayant admiré le Rabot, fut frappé des avantages qu'on en pouvait retirer. Il dit à Jacques :

— Il faut que tu nue rendes un *service*.

— Lequel ?

— Prête-moi ce rabot pour un an.

Comme on pense bien, à cette proposition, Jacques ne manqua pas de se récrier :

— Y penses-tu, Guillaume ? Et si je te rends ce *service,* quel service me rendras-tu de ton côté ?

— Aucun. Ne sais-tu pas que le prêt doit être gratuit ? ne sais-tu pas que le capital est naturellement improductif ? ne sais-tu pas que l'on a proclamé la Fraternité ? Si tu ne me rendais un *service* que pour en recevoir un de moi, quel serait ton mérite ?

— Guillaume, mon ami, la Fraternité ne veut pas dire que tous les sacrifices seront d'un côté, sans cela, je ne vois pas pourquoi ils

Le rabot.

ne seraient pas du tien. Je ne sais si le prêt doit être gratuit ; mais je sais que si je te prêtais gratuitement mon rabot pour un an, ce serait te le donner. À te dire vrai, je ne l'ai pas fait pour cela.

— Et bien ! passons un peu par-dessus les modernes axiomes fraternitaires découverts par messieurs les socialistes. Je réclame de toi un service ; quel service me demandes-tu en échange ?

— D'abord, dans un an, il faudra mettre le rabot au rebut ; il ne sera plus bon à rien. Il est donc juste que tu m'en rendes un autre exactement semblable, ou que tu me donnes assez d'argent pour le faire réparer, ou que tu me remplaces les dix journées que je devrai consacrer à le refaire. De manière ou d'autre, il faut que le Rabot me revienne en bon état comme je te le livre.

— C'est trop juste, je me soumets à cette condition. Je m'engage à te rendre ou ton rabot semblable ou la *valeur*. Je pense que te voilà satisfait et que tu n'as plus rien à me demander.

— Je pense le contraire. J'ai fait ce rabot pour moi et non pour toi. J'en attendais un avantage, un travail plus achevé et mieux rétribué, une amélioration dans mon sort. Je ne puis te céder tout cela gratuitement. Quelle raison y a-t-il pour que ce soit moi qui aie fait le Rabot et que ce soit toi qui en tires le profit ? Autant vaudrait que je te demandasse ta scie et ta hache. Quelle confusion ! et n'est-il pas plus naturel que chacun garde ce qu'il a fait de ses propres mains, comme il garde ses mains elles-mêmes ? Se servir, sans rétribution, des mains d'autrui, cela s'appelle *esclavage* ; se servir, sans rétribution, du rabot d'autrui, cela peut-il s'appeler fraternité ?

— Mais puisqu'il est convenu que je te le rendrai au bout de l'an, aussi poli et aussi affilé qu'il l'est maintenant.

— Il ne s'agit plus de l'année prochaine ; il s'agit de cette année-ci. J'ai fait ce Rabot pour améliorer mon travail et mon sort ; si tu te bornes à me le rendre dans un an, c'est toi qui en auras le profit pendant toute une année ; je ne suis pas tenu de te rendre un tel *service* sans en recevoir aucun de toi : si donc tu veux mon Rabot, indépendamment de la restitution intégrale déjà stipulée, il faut que tu me rendes un *service* que nous allons débattre ; il faut que tu m'accordes une rétribution.

Et cela fut fait ainsi ; Guillaume accorda une rétribution calculée de telle sorte, que Jacques eut à la fin de l'année un rabot tout neuf et, de plus, une compensation, consistant en une planche, pour les avantages dont il s'était privé et qu'il avait cédés à son confrère.

Et il fut impossible à quiconque eut connaissance de cette transaction d'y découvrir la moindre trace d'oppression et d'injustice.

Ce qu'il y a de singulier, c'est que, au bout de l'an, le Rabot entra en la possession de Jacques qui le prêta derechef, le recouvra et le prêta une troisième et une quatrième fois. Il a passé dans les mains de son fils, qui le loue encore. Pauvre Rabot ! combien de fois n'a-t-il pas vu changer tantôt sa lame, tantôt son manche ! Ce n'est plus le même Rabot, mais c'est toujours la même *Valeur*, du moins pour la postérité de Jacques.

Ouvriers, dissertons maintenant sur ces historiettes.

J'affirme d'abord que le *Sac de blé* et le *Rabot* sont ici le type, le modèle, la représentation fidèle, le symbole de tout Capital, comme les cinq litres de blé et la planche sont le type, le modèle, la représentation, le symbole de tout Intérêt. Cela posé, voici, ce me semble, une série de conséquences dont il est impossible de contester la justesse :

1° Si l'abandon d'une planche par l'emprunteur au prêteur est une rétribution naturelle, équitable, légitime, juste prix d'un service réel, nous pouvons en conclure, en généralisant, qu'il est dans la nature du Capital de produire un Intérêt. Quand ce capital, comme dans les exemples précédents, revêt la forme d'un *Instrument de travail,* il est bien clair qu'il doit procurer un avantage à son possesseur, à celui qui l'a fait, qui y a consacré son temps, son intelligence et ses forces ; sans cela, pourquoi l'eût-il fait ? on ne satisfait immédiatement aucun besoin avec des instruments de travail ; on ne mange pas des rabots, on ne boit pas des scies, si ce n'est chez Fagotin. Pour qu'un homme se soit décidé à détourner son temps vers de telles productions, il faut bien qu'il y ait été déterminé par la considération de la puissance que ces instruments ajoutent à sa puissance, du temps qu'ils lui épargnent, de la perfection et de la rapidité qu'ils donnent à son travail, en un mot, des avantages qu'ils procurent. Or, ces avantages qu'on s'était préparés par le labeur, par le sacrifice d'un temps qu'on eût pu utiliser d'une manière plus immédiate, alors qu'on est enfin à même de les recueillir, est-on tenu de les conférer gratuitement à autrui ? Serait-

Le rabot.

ce un progrès, dans l'ordre social, que la Loi en décidât ainsi, et que les citoyens payassent des fonctionnaires pour faire exécuter par la force une telle Loi ? J'ose dire qu'il n'y en a pas un seul parmi vous qui le soutienne. Ce serait légaliser, organiser, systématiser l'injustice elle-même, car ce serait proclamer qu'il y a des hommes nés pour rendre et d'autres nés pour recevoir des services gratuits. Posons donc en fait que l'intérêt est juste, naturel et légitime.

2° Une seconde conséquence, non moins remarquable que la première, et, s'il se peut, plus satisfaisante encore, sur laquelle j'appelle votre attention, c'est celle-ci : *L'intérêt ne nuit pas à l'emprunteur* ; je veux dire : L'obligation où se trouve l'emprunteur de payer une rétribution pour avoir la jouissance d'un capital ne peut empirer sa condition[7].

Remarquez, en effet, que Jacques et Guillaume sont parfaitement libres relativement à la transaction à laquelle le *Rabot* peut donner lieu. Cette transaction ne peut s'accomplir qu'autant qu'elle convienne à l'un comme à l'autre. Le pis qui puisse arriver, c'est que Jacques soit trop exigeant, et, en ce cas, Guillaume, refusant le prêt, restera comme il était avant. Par cela même qu'il souscrit à l'emprunt, il constate qu'il le considère comme avantageux ; il constate que, tout calcul fait, et en tenant compte de la rétribution, quelle qu'elle soit, mise à sa charge, il trouve encore plus profitable d'emprunter que de n'emprunter pas. Il ne se détermine que parce qu'il a comparé les inconvénients aux avantages. Il a calculé que le jour où il restituera le Rabot, accompagné de la rétribution convenue, il aura encore fait plus d'ouvrage à travail égal, grâce à cet outil. Il lui restera un profit ; sans quoi, il n'emprunterait pas.

Les deux services dont il est ici question s'échangent selon la Loi qui gouverne tous les Échanges : la loi de l'offre et de la demande. Les prétentions de Jacques ont une limite naturelle et infranchissable. C'est le point où la rétribution par lui demandée absorberait tout l'avantage que Guillaume peut trouver à se servir d'un Rabot. En ce cas, l'emprunt ne se réaliserait pas. Guillaume serait tenu ou de se fabriquer lui-même un Rabot ou de s'en passer, ce qui le laisserait dans sa situation primitive. Il emprunte, donc il gagne à emprunter.

Je sais bien ce qu'on me dira. On me dira : Guillaume peut se tromper, ou bien il peut être maîtrisé par la nécessité et subir une dure loi.

J'en conviens ; mais je réponds : Quant aux erreurs de calcul, elles tiennent à l'infirmité de notre nature, et en arguer contre la transaction dont s'agit, c'est opposer une fin de non-recevoir à toutes les transactions imaginables, à toutes les actions humaines. L'erreur est un fait accidentel que l'expérience redresse sans cesse. En définitive, c'est à chacun d'y veiller. — En ce qui concerne les dures nécessités qui réduisent à des emprunts onéreux, il est clair que ces nécessités existent antérieurement à l'emprunt. Si Guillaume est dans une situation telle qu'il ne peut absolument pas se passer d'un Rabot, et qu'il soit forcé d'en emprunter un à tout prix, cette situation provient-elle de ce que Jacques s'est donné la peine de fabriquer cet outil ? n'existe-t-elle pas indépendamment de cette circonstance ? quelque dur, quelque âpre que soit Jacques, jamais il ne parviendra à empirer la position supposée de Guillaume. Certes, moralement, le prêteur pourra être blâmable ; mais au point de vue économique, jamais le prêt lui-même ne saurait être considéré comme responsable de nécessités antérieures, qu'il n'a pas créées et qu'il adoucit toujours dans une mesure quelconque.

Mais ceci prouve une chose sur laquelle je reviendrai, c'est que l'intérêt évident de Guillaume, personnifiant ici les emprunteurs, est qu'il y ait beaucoup de Jacques et de Rabots, autrement dit, de prêteurs et de capitaux. Il est bien clair que si Guillaume peut dire à Jacques : « Vos prétentions sont exorbitantes, je vais m'adresser à d'autres, il ne manque pas de Rabots dans le monde ; » — il sera dans une situation meilleure que si le rabot de Jacques est le seul qui se puisse prêter. Assurément, il n'y a pas d'aphorisme plus vrai que celui-ci : *service pour service*. Mais n'oublions jamais qu'aucun service n'a, comparativement aux autres, une valeur fixe et absolue. Les parties contractantes sont libres. Chacune d'elles porte ses exigences au point le plus élevé possible, et la circonstance la plus favorable à ces exigences, c'est l'absence de rivalité. Il suit de là que s'il y a une classe d'hommes plus intéressée que toute autre à la formation, à la multiplication, à l'abondance des capitaux, c'est surtout la classe emprunteuse. Or, puisque les capitaux ne se forment et s'accumulent que sous le stimulant et par la perspective d'une juste rémunération, qu'elle comprenne donc le dommage qu'elle

Le rabot.

s'inflige à elle-même, quand elle nie la légitimité de l'intérêt, quand elle proclame la gratuité du crédit, quand elle déclame contre la prétendue tyrannie du capital, quand elle décourage l'épargne, et pousse ainsi à la rareté des capitaux et, par suite, à l'élévation de la rente.

3° L'anecdote que je vous ai racontée vous met aussi sur la voie d'expliquer ce phénomène, en apparence, bizarre, qu'on appelle la pérennité ou la perpétuité de l'intérêt. Puisque, en prêtant son rabot, Jacques a pu très-légitimement stipuler cette condition qu'il lui serait rendu au bout de l'an dans l'état même ou il l'a cédé, n'est-il pas bien clair qu'il peut, à partir de cette échéance, soit l'employer à son usage, soit le prêter de nouveau, sous la même condition ? S'il prend ce dernier parti, le rabot lui reviendra au bout de chaque année et cela indéfiniment. Jacques sera donc en mesure de le prêter aussi indéfiniment, c'est-à-dire d'en tirer une *rente perpétuelle*. On dira que le rabot s'use. Cela est vrai, mais il s'use par la main et au profit de l'emprunteur. Celui-ci a fait entrer cette déperdition graduelle en ligne de compte et en a assumé sur lui, comme il le devait, les conséquences. Il a calculé qu'il tirerait de cet outil un avantage suffisant pour consentir à le rendre dans son état intégral, après avoir réalisé encore un bénéfice. Aussi longtemps que Jacques n'usera pas ce capital par lui-même et pour son propre avantage, aussi longtemps qu'il renoncera à ces avantages, qui permettent de le rétablir dans son intégrité, il aura un droit incontestable à la restitution, et cela, indépendamment de l'intérêt.

Remarquez, en outre, que si, comme je crois l'avoir démontré, Jacques, bien loin de faire tort à Guillaume, lui a rendu *service* en lui prêtant son rabot pour un an, par la même raison, il ne fera pas tort, mais, au contraire, il rendra *service* à un second, à un troisième, à un quatrième emprunteur dans les périodes subséquentes. Par où vous pourrez comprendre que l'intérêt d'un capital est aussi naturel, aussi légitime, aussi utile la millième année que la première.

Allons plus loin encore. Il se peut que Jacques ne prête pas qu'un seul rabot. Il est possible qu'à force de travail, d'épargnes, de privations, d'ordre, d'activité, il parvienne à prêter une multitude de rabots et de scies, c'est-à-dire à rendre une multitude de *services*. J'insiste sur ce point que si le premier prêt a été un bien social, il en sera de même de tous les autres, car ils sont tous homogènes et fondés sur le même principe. Il pourra donc arriver que la somme de toutes les rétributions reçues par notre honnête artisan, en échange des services par lui rendus, suffise pour le faire subsister. En ce cas, il y aura un homme, dans le monde, qui aura le droit de vivre sans travailler. Je ne dis pas qu'il fera bien de se livrer au repos ; je dis qu'il en aura le droit, et s'il en use, ce ne sera aux dépens de qui que ce soit, bien au contraire. Que si la société comprend un peu la nature des choses, elle reconnaîtra que cet homme subsiste sur des services qu'il reçoit sans doute (ainsi faisons-nous tous), mais qu'il reçoit très-légitimement en échange d'autres services qu'il a lui-même rendus, qu'il continue à rendre et qui sont très-réels, puisqu'ils sont librement et volontairement acceptés.

Et ici on peut entrevoir une des plus belles harmonies du monde social. Je veux parler du *Loisir*, non de ce loisir que s'arrogent les castes guerrières et dominatrices par la spoliation des travailleurs, mais du loisir, fruit légitime et innocent de l'activité passée et de l'épargne. En m'exprimant ainsi, je sais que je choque bien des idées reçues. Mais voyez ! le loisir n'est-il pas un ressort essentiel dans la mécanique sociale ? sans lui, il n'y aurait jamais eu dans le monde ni de Newton, ni de Pascal, ni de Fénelon ; l'humanité ne connaîtrait ni les arts, ni les sciences, ni ces merveilleuses inventions préparées, à l'origine, par des investigations de pure curiosité ; la pensée serait inerte, l'homme ne serait pas perfectible. D'un autre côté, si le loisir ne se pouvait expliquer que par la spoliation et l'oppression, s'il était un bien dont on ne peut jouir qu'injustement et aux dépens d'autrui, il n'y aurait pas de milieu entre ces deux maux : ou l'humanité serait réduite à croupir dans la vie végétative et stationnaire, dans l'ignorance éternelle, par l'absence d'un des rouages de son mécanisme ; ou bien, elle devrait conquérir ce rouage au prix d'une inévitable injustice et offrir de toute nécessité le triste spectacle, sous une forme ou une autre, de l'antique classification des êtres humains en Maîtres et en Esclaves. Je défie qu'on me signale, dans cette hypothèse, une autre alternative. Nous serions réduits à contempler le plan providentiel qui gouverne la société avec le regret de penser qu'il présente une déplorable lacune. Le mobile du progrès y serait oublié, ou, ce qui est pis, ce mobile ne serait autre que l'injustice elle-même. — Mais non, Dieu n'a pas laissé

Le rabot.

une telle lacune dans son œuvre de prédilection. Gardons-nous de méconnaître sa sagesse et sa puissance ; que ceux dont les méditations incomplètes ne peuvent expliquer la légitimité du loisir, imitent du moins cet astronome qui disait : À tel point du ciel, il doit exister une planète qu'on finira par découvrir, car sans elle le monde céleste n'est pas harmonie, mais discordance.

Eh bien ! je dis que, bien comprise, l'histoire de mon humble Rabot, quoique bien modeste, suffit pour nous élever jusqu'à la contemplation d'une des harmonies sociales les plus consolantes et les plus méconnues.

Il n'est pas vrai qu'il faille opter entre la négation ou l'illégitimité du loisir ; grâce à la rente et à sa naturelle pérennité, le loisir peut surgir du travail et de l'épargne. C'est une douce perspective que chacun peut avoir en vue ; c'est une noble récompense à laquelle chacun peut aspirer. Il fait son apparition dans le monde, il s'y étend, il s'y distribue proportionnellement à l'exercice de certaines vertus ; il ouvre toutes les voies de l'intelligence, il ennoblit, il moralise, il spiritualise l'âme de l'humanité, non-seulement sans peser d'un poids quelconque sur ceux de nos frères que les conditions de la vie vouent encore à de rudes labeurs, mais de plus en les soulageant progressivement de ce que ce labeur a de plus lourd et de plus répugnant. Il suffit que les capitaux se forment, s'accumulent, se multiplient, se prêtent à des conditions de moins en moins onéreuses, qu'ils descendent, qu'ils pénètrent dans toutes les couches sociales et que, par une progression admirable, après avoir affranchi les prêteurs, ils hâtent l'affranchissement des emprunteurs eux-mêmes. Pour cela, il faut que les lois et les mœurs soient toutes favorables à l'épargne, source du capital. C'est assez dire que la première de toutes les conditions c'est de ne pas effrayer, attaquer, combattre, nier ce qui est le stimulant de l'épargne et sa raison d'être : la rente.

Tant que nous ne voyons passer de main en main, à titre de prêt, que des *provisions,* des *matériaux* et des *instruments,* choses indispensables à la productivité du travail lui-même, les idées exposées jusqu'ici ne trouveront pas beaucoup de contradicteurs. Qui sait même si l'on ne me reprochera pas d'avoir fait un grand effort pour enfoncer, comme on dit, une porte ouverte. Mais sitôt que c'est le *numéraire* qui se montre, comme matière de la transaction (et c'est lui qui se montre presque toujours), aussitôt les objections renaissent en foule. L'argent, dira-t-on, ne se reproduit pas de lui-même ainsi que votre *sac de blé* ; il n'aide pas le travail comme votre *rabot* ; il ne donne pas directement une satisfaction comme votre *maison*. Il est donc impuissant, par sa nature, à produire un intérêt, à se multiplier, et la rémunération qu'il exige est une véritable extorsion.

Qui ne voit où est le sophisme ? Qui ne voit que le numéraire n'est qu'une forme transitoire que les hommes donnent un moment à d'autres *valeurs,* à des utilités réelles, dans le seul but de faciliter leurs arrangements ? Au milieu des complications sociales, l'homme qui est en mesure de prêter n'a presque jamais la chose même dont l'emprunteur a besoin. Jacques a bien un rabot ; mais peut-être que Guillaume désire une scie. Ils ne pourraient pas s'entendre ; la transaction favorable à tous les deux ne pourrait avoir lieu, et alors qu'arrive-t-il ? Il arrive que Jacques échange d'abord son rabot contre de l'argent ; il prête l'argent à Guillaume, et Guillaume échange l'argent contre une scie. La transaction s'est compliquée, elle s'est décomposée en deux facteurs, ainsi que je l'ai exposé plus haut en parlant de l'échange. Mais elle n'a pas pour cela changé de nature. Elle ne contient pas moins tous les éléments du prêt direct. Jacques ne s'en est pas moins défait d'un outil qui lui était utile ; Guillaume n'en a pas moins reçu un instrument qui perfectionne son travail et augmente ses profits ; il n'y a pas moins service rendu de la part du prêteur, lui donnant droit à recevoir un service équivalent de la part de l'emprunteur ; cette juste équivalence ne s'établit pas moins par le débat libre et contradictoire ; l'obligation bien naturelle de restituer à l'échéance la *valeur* intégrale n'en constitue pas moins le principe de la pérennité de l'intérêt.

« Est-ce qu'au bout d'un an, dit M. Thoré, vous trouverez un écu de plus dans un sac de cent francs ? »

Non, certes, si l'emprunteur jette le sac de cent francs dans un coin. À cette condition, le rabot non plus, ni le sac de blé, ne se reproduisent d'eux-mêmes. Mais ce n'est pas pour laisser l'argent dans le sac ou le rabot au crochet qu'on les emprunte. On emprunte le rabot pour s'en servir, ou l'argent pour se procurer un rabot. Et s'il est bien démontré que cet outil met l'emprunteur à même de

Le rabot.

faire des profits qu'il n'eût pas faits sans lui, s'il est démontré que le prêteur a renoncé à créer pour lui-même cet excédant de profits, on comprend que la stipulation d'une part de cet excédant de profits en faveur du prêteur est équitable et légitime.

L'ignorance du vrai rôle que joue le numéraire dans les transactions humaines est la source des plus funestes erreurs. Je me propose de lui consacrer un pamphlet tout entier[8].

D'après ce qu'on peut induire des écrits de M. Proudhon, ce qui l'a amené à penser que la *gratuité du crédit* était une conséquence logique et définitive du progrès social, c'est l'observation de ce phénomène qui nous montre l'intérêt décroissant à peu près en raison directe de la civilisation. À des époques de barbarie, on le voit en effet à 100 pour 100, et au delà. Plus tard, il descend à 80, à 60, à 50, à 40, à 20, à 40, à 8, à 5, à 4, à 3 pour 100. On l'a même vu en Hollande à 2 pour 100. On en tire cette conclusion : « Puisque l'intérêt se rapproche de zéro à mesure que la société se perfectionne, il atteindra zéro quand la société sera parfaite. En d'autres termes, ce qui caractérise la perfection sociale c'est la gratuité du crédit. Abolissons donc l'intérêt, et nous aurons atteint le dernier terme du progrès[9]. »

Ceci n'est que spécieux, et puisque cette fausse argumentation peut contribuer à populariser le dogme injuste, dangereux, subversif de la gratuité du crédit, en le représentant comme coïncidant avec la perfection sociale, le lecteur me permettra d'examiner en peu de mots ce nouveau point de vue de la question.

Qu'est-ce que l'*intérêt* ? c'est le *service* rendu, après libre débat, par l'emprunteur au prêteur, en rémunération du service qu'il en a reçu par le prêt.

D'après quelle loi s'établit le taux de ces *services* rémunératoires du prêt ? D'après la loi générale qui règle l'équivalence de tous les services, c'est-à-dire d'après la loi de l'offre et de la demande. Plus une chose est facile à se procurer, moins on rend *service* en la cédant ou prêtant. L'homme qui me donne un verre d'eau, dans les Pyrénées, ne me rend pas un aussi grand service que celui qui me céderait un verre d'eau, dans le désert de Sahara. S'il y a beaucoup de rabots, de sacs de blé, de maisons dans un pays, on en obtient l'usage (*cæteris paribus*) à des conditions plus favorables que s'il y en a peu, par la simple raison que le prêteur rend en ce cas un moindre *service relatif.*

Il n'est donc pas surprenant que plus les capitaux abondent, plus l'intérêt baisse.

Est-ce à dire qu'il arrivera jamais à zéro ? non, parce que, je le répète, le principe d'une rémunération est invinciblement dans le prêt. Dire que l'intérêt s'anéantira, c'est dire qu'il n'y aura plus aucun motif d'épargner, de se priver, de former de nouveaux capitaux, ni même de conserver les anciens. En ce cas, la dissipation ferait immédiatement le vide, et l'intérêt reparaîtrait aussitôt[10].

En cela, le genre de *services* dont nous nous occupons ne diffère d'aucun autre. Grâce au progrès industriel, une paire de bas qui *valait* 6 fr., n'a plus *valu* successivement que 4 fr., 3 fr., 2 fr. Nul ne petit dire jusqu'à quel point cette valeur descendra, mais ce qu'on peut affirmer c'est qu'elle ne descendra jamais à zéro, à moins que les bas ne finissent par se produire spontanément. Pourquoi ? Parce que le principe de la rémunération est dans le travail ; parce que celui qui travaille pour autrui rend un service et doit recevoir un service : si l'on ne payait plus les bas, on cesserait d'en faire et, avec la rareté, le prix ne manquerait pas de reparaître.

Le sophisme que je combats ici a sa racine dans la divisibilité à l'infini, qui s'applique à la *valeur* comme à la matière.

Il paraît d'abord paradoxal, mais il est bien su de tous les mathématiciens qu'on peut de minute en minute, pendant l'éternité entière, ôter des fractions à un poids, sans jamais parvenir à anéantir le poids lui-même. Il suffit que chaque fraction successive soit moindre que la précédente, dans une proportion déterminée et régulière.

Il est des pays où l'on s'attache à accroître la taille des chevaux ou à diminuer, dans la race ovine, le volume de la tête. Il est impossible de préciser jusqu'où on arrivera dans cette voie. Nul ne peut dire qu'il a vu le plus grand cheval ou la plus petite tête de mouton qui paraîtra jamais dans le monde. Mais l'on peut dire que la taille des chevaux n'atteindra jamais l'Infini, non plus que les têtes de moutons le Néant.

De même, nul ne peut dire jusqu'où descendra le prix des bas ou l'intérêt des capitaux, mais on peut affirmer, quand on connaît la

Le rabot.

nature des choses, que ni l'un ni l'autre n'arriveront jamais à zéro, car le travail et le capital ne peuvent pas plus vivre sans récompense que le mouton sans tête.

L'argumentation de M. Proudhon se réduit donc à ceci : Puisque les plus habiles agriculteurs sont ceux qui ont le plus réduit la tête des moutons, nous serons arrivés à la perfection agricole quand les moutons seront acéphales. Donc, pour réaliser nous-même cette perfection, coupons-leur le cou.

Me voici au terme de cette ennuyeuse dissertation. Pourquoi faut-il que le vent des mauvaises doctrines ait rendu nécessaire de pénétrer ainsi jusque dans la nature intime de la rente ? Je ne terminerai pas sans faire remarquer une belle *moralité* que l'on peut tirer de cette loi : « La baisse de l'intérêt est proportionnelle à l'abondance des capitaux. » Cette loi étant donnée, s'il y a une classe d'hommes plus particulièrement intéressée que toute autre à ce que les capitaux se forment, s'accumulent, se multiplient, abondent et surabondent, c'est certainement la classe qui les emprunte, directement ou indirectement ; ce sont les hommes qui mettent en œuvre les *matériaux,* qui se font aider par des *instruments,* qui vivent sur des *provisions,* produits et économisés par d'autres hommes.

Imaginez, dans une vaste et fertile contrée, une peuplade de mille habitants, dénués de tout Capital ainsi défini. Elle périra infailliblement dans les tortures de la faim. — Passons à une hypothèse moins cruelle. Supposons que dix de ces sauvages soient pourvus d'Instruments et de Provisions en quantité suffisante pour travailler et vivre eux-mêmes jusqu'à la récolte, ainsi que pour rémunérer les services de quatre-vingt-dix travailleurs. Le résultat forcé sera la mort de neuf cents êtres humains. Il est clair encore que puisque 990 hommes, poussés par le besoin, se presseront sur des subsistances qui n'en peuvent maintenir que cent, les dix capitalistes seront maîtres du marché. Ils obtiendront le travail aux conditions les plus dures, car ils le mettront aux enchères. Et remarquez ceci : Si ces capitalistes portent au cœur des sentiments dévoués, qui les induisent à s'imposer des privations personnelles afin de diminuer les souffrances de quelques-uns de leurs frères, cette générosité, qui se rattache à la morale, sera aussi noble dans son principe qu'utile dans ses effets. Mais si, dupes de cette fausse philanthropie qu'on veut si inconsidérément mêler aux lois économiques, ils ont la prétention de rémunérer largement le travail, loin de faire du bien, ils feront du mal. Ils donneront double salaire, soit. Mais alors quarante-cinq hommes seront mieux pourvus, tandis que quarante-cinq autres hommes viendront augmenter le nombre de ceux que la tombe va dévorer. L'hypothèse étant donnée, ce n'est pas l'abaissement du salaire qui est le vrai fléau, mais la rareté du capital. L'abaissement du salaire n'est pas la cause, mais l'effet du mal. J'ajoute qu'il en est, dans une certaine mesure, le remède. Il agit dans ce sens qu'il distribue le fardeau de la souffrance autant qu'il peut l'être et sauve autant de vies qu'une quantité déterminée de subsistances permet d'en sauver.

Supposez maintenant qu'au lieu de dix capitalistes, il y en ait cent, deux cents, cinq cents, n'est-il pas évident que la condition de toute la peuplade, et surtout celle des prolétaires, sera de plus en plus améliorée ? N'est-il pas évident que, toute considération de générosité à part, ils obtiendront plus de travail et un meilleur prix de leur travail ? qu'eux-mêmes seront plus en mesure de former des capitaux, sans qu'on puisse assigner de limite à cette facilité toujours croissante de réaliser l'égalité et le bien-être ? Combien ne seraient-ils donc pas insensés s'ils admettaient des doctrines et se livraient à des actes de nature à tarir la source des salaires, à paralyser le mobile et le stimulant de l'épargne ! Qu'ils apprennent donc cette leçon : sans doute les capitaux sont bons pour ceux qui les ont, qui le nie ? mais ils sont utiles aussi à ceux qui n'ont pu encore en former, et il importe à ceux qui n'en ont pas que d'autres en aient.

Oui, si les prolétaires connaissaient leurs vrais intérêts, ils rechercheraient avec le plus grand soin quelles sont les circonstances favorables ou défavorables à l'épargne, afin de favoriser les premières et de décourager les secondes. Ils accueilleraient avec sympathie toute mesure qui tend à la prompte formation des capitaux. Ils s'enthousiasmeraient pour la paix, la liberté, l'ordre, la sécurité, l'union des classes et des peuples, l'économie, la modération des dépenses publiques, et la simplicité du mécanisme gouvernemental ; car c'est sous l'empire de toutes ces circonstances que l'épargne fait son œuvre, met l'abondance à la portée des masses, appelle à former des capitaux ceux même qui, autrefois, étaient réduits à les emprunter à de dures conditions. Ils repousseraient avec énergie

Le rabot.

l'esprit guerrier qui détourne de sa véritable fin une si grande part du travail humain, l'esprit de monopole qui dérange l'équitable distribution des richesses telle que la liberté seule peut la réaliser, la multiplicité des services publics qui n'entreprennent sur notre bourse que pour gêner notre liberté, et enfin ces doctrines subversives, haineuses, irréfléchies qui effrayent le capital, l'empêchent de se former, le forcent à fuir, et en définitive le *renchérissent,* au détriment surtout des travailleurs qui le mettent en œuvre.

Eh quoi ! à cet égard, la Révolution de Février n'est-elle qu'une dure leçon ? n'est-il pas évident que l'*insécurité* qu'elle a jetée dans le monde des affaires d'une part, et, de l'autre, l'avénement des théories funestes auxquelles je fais allusion et qui, des clubs, ont failli pénétrer dans les régions législatives, ont élevé partout le taux de l'intérêt ? N'est-il pas évident que dès lors il a été plus difficile aux prolétaires de se procurer ces *matériaux, instruments* et *provisions* sans lesquels le travail est impossible ? n'est-ce pas là ce qui amène le chômage, et le chômage n'amène-t-il pas à son tour la baisse des salaires ? Ainsi le travail manque aux prolétaires précisément par la même cause qui grève d'un surcroît de prix, en raison de la hausse de l'intérêt, les objets qu'ilsconsomment. Hausse d'intérêts, baisse des salaires, cela veut dire, en d'autres termes, que le même objet conserve son prix, mais que la part du capitaliste a envahi, sans profit pour lui, celle de l'ouvrier.

Un de mes amis, chargé de faire une enquête sur l'industrie parisienne, m'a assuré que les fabricants lui ont révélé un fait bien saisissant et qui prouve mieux que tous les raisonnements combien l'insécurité et l'incertitude nuisent à la formation des capitaux. On avait remarqué que, pendant la période la plus fâcheuse, les dépenses populaires de pure fantaisie n'avaient pas diminué. Les petits théâtres, les barrières, les cabarets, les débits de tabac étaient aussi fréquentés qu'aux jours de prospérité. Dans l'enquête, les travailleurs eux-mêmes ont ainsi expliqué ce phénomène. « À quoi bon épargner ? qui sait le sort qui nous attend ? qui sait si l'intérêt ne va pas être aboli ? qui sait si l'État, devenu prêteur universel à titre gratuit, ne voudra pas faire avorter tous les fruits que nous pourrions attendre de nos économies ? » Eh bien ! je dis que si de telles idées pouvaient prévaloir pendant deux années seulement, c'en serait assez pour faire de notre belle France une Turquie. La misère y deviendrait générale et endémique ; et, à coup sûr, les premiers frappés seraient les plus pauvres.

Ouvriers, on vous parle beaucoup d'organisation *artificielle* du travail ; savez-vous pourquoi ? Parce qu'on ignore les lois de son organisation *naturelle*, c'est-à-dire de cette organisation merveilleuse qui résulte de la liberté. On vous dit que la liberté fait saillir ce qu'on nomme l'antagonisme radical des classes ; qu'elle crée et met aux prises deux intérêts opposés, l'intérêt des capitalistes et ceux des prolétaires. Mais il faudrait commencer par prouver que cet antagonisme existe par le vœu de la nature ; et ensuite, il resterait à démontrer comment les arrangements de la *contrainte* valent mieux que ceux de la *liberté,* car entre Liberté et Contrainte je ne vois pas de milieu. Il resterait à démontrer encore que la contrainte s'exercera toujours à votre avantage et au préjudice des riches. — Mais non, cet antagonisme radical, cette opposition naturelle d'intérêts n'existent pas. Ce n'est qu'un mauvais rêve d'imaginations perverties et en délire. Non, un plan si défectueux n'est pas sorti de la Pensée Divine. Pour l'affirmer, il faut commencer par nier Dieu. Et voyez comme, en vertu des lois sociales et par cela seul que les hommes échangent librement entre eux leurs travaux et leurs produits, voyez quel lien harmonique rattache les classes les unes aux autres ! Voilà des propriétaires de terre : quel est leur intérêt ? que le sol soit fécond et le soleil bienfaisant ; mais qu'en résulte-t-il ? que le blé abonde, qu'il *baisse de prix*, et l'avantage tourne au profit de ceux qui n'ont pas eu de patrimoine. Voilà des fabricants : quelle est leur constante pensée ? de perfectionner leur travail, d'augmenter la puissance de leurs machines, de se procurer, aux meilleures conditions, les matières premières. Et à quoi tout cela aboutit-il ? à l'abondance et au *bas prix* des produits, c'est-à-dire que tous les efforts des fabricants, et sans qu'ils s'en doutent, se résolvent en un profit pour le public consommateur, dont vous faites partie. Cela est ainsi pour toutes les professions. Eh bien ! les capitalistes n'échappent pas à cette loi. Les voilà fort occupés de faire valoir, d'économiser, de tirer bon parti de leurs avances. C'est fort bien, mais mieux ils réussissent, plus ils favorisent l'abondance des capitaux, et, par une suite nécessaire, la baisse de l'intérêt. Or, à qui profite la baisse de l'intérêt ? n'est-ce pas à l'emprunteur d'abord, et, en définitive, aux consommateurs des choses que les capitaux

Le rabot.

concourent à produire[11] ?

Il est donc certain que le résultat final des efforts de chaque classe, c'est le bien commun de toutes.

On vous dit que le capital tyrannise le travail. Je ne disconviens pas que chacun ne cherche à tirer le meilleur parti possible de sa situation, mais, dans ce sens, on ne réalise que ce qui est possible. Or, jamais il n'est possible aux capitaux de tyranniser le travail que lorsqu'ils sont rares, car alors ils font la loi, ils mettent la main-d'œuvre aux enchères. Jamais cette tyrannie ne leur est plus impossible que lorsqu'ils sont abondants, car, en ce cas, c'est le travail qui commande.

Arrière donc les jalousies de classes, les malveillances, les haines sans fondement, les défiances injustes. Ces passions dépravées nuisent à ceux qui les nourrissent dans leur cœur. Ce n'est pas là de la morale déclamatoire ; c'est un enchaînement de causes et d'effets susceptible d'être rigoureusement, mathématiquement démontré ; et il n'en est pas moins sublime parce qu'il satisfait autant l'intelligence que le sentiment.

Je résume toute cette dissertation par ces mots : Ouvriers, travailleurs, prolétaires, classes dénuées et souffrantes, voulez-vous améliorer votre sort ? Vous n'y réussirez pas par la lutte, l'insurrection, la haine et l'erreur. Mais il y a trois choses qui ne peuvent perfectionner la communauté tout entière sans étendre sur vous leurs bienfaits, ces trois choses sont : Paix, Liberté et Sécurité.

NOTES

1.   Cet opuscule fut publié en février 1849. (Note de l'éditeur.)

2.   Le but de l'auteur n'a pas été d'analyser ici l'intérêt et d'en exposer tous les éléments, dont quelques-uns ne soulèvent aucune objection de la part des socialistes eux-mêmes. Telle est, par exemple, la prime d'assurance ou la compensation relative au risque couru par le prêteur de ne pas recouvrer le montant de sa créance. — Il s'est borné à défendre ce qui était attaqué, la productivité du capital, et s'est efforcé de rendre cette vérité accessible à toutes les intelligences. (Note de l'éditeur.)

Frédéric Bastiat

3.   Voy., au tome IV, le chap. I de la seconde série des Sophismes et, au tome VI, les chap. XVIII, XIX et XVIII. (Note de l'éditeur.)

4.   Voy., pour la théorie de la valeur, le chap. V du tome VI. (Note de l'éditeur.)

5.   Cette erreur est combattue dans le pamphlet intitulé Maudit argent ! — Il vient immédiatement après celui-ci. (Note de l'éditeur.)

6.   Voy., sur la notion du capital, le chap. VII du tome VI. (Note de l'éditeur.)

7.   Voy. la 8ème lettre du pamphlet Gratuité du crédit, au présent volume. (Note de l'éditeur.)

8.   Celui qui suit, sous le titre Maudit argent ! (Note de l'éditeur.)

9.   Voy. la 10e lettre du pamphlet Gratuité du crédit. (Note de l'éditeur.)

10.   Pour la distinction entre les divers éléments de l'intérêt, voy., au pamphlet Gratuité du crédit, les dernières pages de la 12e lettre. (Note de l'éditeur.)

11.   Voy. les pages 36 à 45 du tome IV. - Voy. aussi le chap. VIII du tome VI. (Note de l'éditeur.)

ISBN : 978-1544882444

www.ingramcontent.com/pod-product-compliance
Lightning Source LLC
Chambersburg PA
CBHW061451180526
45170CB00004B/1659